Kürbisse dekorieren

Stephanie Göhr
Sieglinde Holl

Es ist Kürbiszeit!

Lassen Sie sich von den im Buch gezeigten Kürbis-Dekoideen inspirieren! Sie finden zahlreiche Ideen für drinnen und draußen. Feiern Sie Halloween mit witzigen Dekorationen oder gestalten Sie einfach die Herbstzeit mit dekorativen Kürbissen ein bisschen freundlicher!

ROBIN

Kürbis mit Topfpflanze

BASTELZEIT
20 Minuten

MATERIAL
- Kleine Topfpflanze
- Kürbis, grün, ca. ø 13 cm, 20 cm lang
- Bastrest, natur

1. In den Kürbis mit einem Messer ein Loch in der Größe des Blumentopfs schneiden. Das Fruchtfleisch soweit entfernen, dass die Topfpflanze ohne Plastiktopf darin Platz findet.

2. Die Pflanze in den Kürbis setzen und festdrücken.

3. Mehrere Bastfäden zwischen Pflanze und Kürbis schlingen, die Enden verknoten.

Tipp

Statt einer Topfpflanze können Sie z. B. auch eine Sonnenblume in die Öffnung stecken.

Kürbis-Körbchen

BASTELZEIT
20 Minuten

MATERIAL
- 6 kleine Kürbisse in verschiedenen Größen
- 4 Äpfel, rot
- Etwas Heu
- Efeuranke, 30 cm lang
- Spankorb, grün, 30 cm x 12 cm x 7 cm

1. Den Spankorb mit etwas Heu füllen.
2. Die Kürbisse und die Äpfel gemäß der Abbildung im Korb dekorieren.
3. Die Zwischenräume mit der Efeuranke ausschmücken.

Tipp

Rote, kleine Äpfelchen finden sich oft bei einem schönen Herbstspaziergang über Wiesen und Felder.

Kürbiszeit ist Bastelzeit. Kürbisse können für die vielfältigsten Dekorationen im Haus und vor dem Haus eingesetzt werden. Lassen Sie sich überraschen von den lustig bemalten Kürbisköpfen, den witzig zusammengesetzten Figuren oder von einer peppigen Tischdekoration. Alle Modelle können mit geringem Materialaufwand in maximal einer Stunde fertig gestellt werden. Wir wünschen viel Spaß beim Dekorieren!

So wird's gemacht

MATERIALIEN,
die in Ihrem Haushalt vorhanden sein sollten. Diese Materialien sind nicht in den einzelnen Materiallisten aufgeführt.

- Bleistift
- Filzstift, schwarz
- Heißkleber
- Pinsel
- Schere
- Seitenschneider
- Messer
- Esslöffel
- Zahnstocher/Stecknadeln
- Kopierpapier
- Transparentpapier
- Kartoffelschäler
- Kerngehäuseausstecher

Die Vorlage auf die passende Größe kopieren und mithilfe von Kohlepapier auf den Kürbis übertragen.

Den Kürbisdeckel mit einem großen scharfen Messer abschneiden. Mit einem Löffel den Kürbis aushöhlen.

Konturen mit einem scharfen Küchen- oder Gemüsemesser entlang der Vorlage ausschneiden. Rundungen können mit einem Kartoffelschäler ausgeschnitten werden.

DIE GESCHICHTE VON HALLOWEEN

Der Name Halloween bezeichnet den Abend vor Allerheiligen. Nach altem keltischen Glauben sollen Hexen und Fratzen die bösen Geister vertreiben, um am 1. November unbelastet in ein neues Jahr zu gehen. Nach dem Glauben der Kelten öffnen sich in der Nacht zum 1. November die Tore zwischen den Welten der Lebenden und der Toten. Die Verstorbenen durften sich in jener Nacht im Reich der Lebenden umsehen. Zum Schutz vor den aus der Geisterwelt Zurückkehrenden verkleidete man sich. Aus Irland stammt der Brauch Rüben auszuhöhlen, mit Kerzen auszuleuchten und so den Geistern den Weg zu weisen. Die irischen Einwanderer brachten diesen Brauch mit nach Amerika. Dort wurden aus den Rüben dann sehr schnell die Kürbisse, sie ließen sich einfacher bearbeiten und sehen auch besser aus. Wenn es in Amerika am 31. Oktober dunkel wird, huschen schaurig verkleidete Gestalten durch die Straßen und klingeln an den Haustüren. Dann heißt es „TRICK OR TREAT“. Das bedeutet sinngemäß übersetzt so viel wie „Gib zu schlecken, sonst werd ich dich necken!“ Wer keine Streiche erleben möchte, zahlt mit Süßigkeiten. Auch bei uns kommen die Halloween-Partys immer mehr in Mode. Aber auch die Dekoration der Häuser und das Basteln und Anfertigen von Kürbisfratzen passt wunderbar in die Zeit des Herbstes.

KLEINES KÜRBISLEXIKON

Es gibt zwei Hauptkategorien von Kürbissen, die Speisekürbisse und die Zierkürbisse. Die Speisekürbisse wie z. B. der Hokkaido (siehe S. 28) oder der Sweet Dumpling mit seinen grünen Streifen (siehe S. 18) werden unterteilt in Sommer- und Winterkürbisse, wobei die Winterkürbisse bei uns mehr verbreitet sind. Aus ihnen lassen sich z. B. herrliche Suppen oder Gratins zaubern. Doch die Kürbisse können selbstverständlich auch sehr gut für Dekorationen verwendet werden. Die andere große Gruppe ist die der Zierkürbisse. Diese enthalten den Bitterstoff Cucurbitacin. Bei Verzehr besteht die Möglichkeit von Magenverstimmung, Übelkeit und Erbrechen. Man kann die Samen aufheben und im nächsten Jahr aussähen. Hier gibt es herrlich bunte Sorten, wie z. B. die Teufelskralle (siehe S. 38 Krake) mit ihren krallenförmigen Auswüchsen oder die Kelle (siehe S. 38 Fische), die meist gebogen und zweifarbig sind. Manche sind mit Warzen, andere auch glatt mit Streifen und Auswüchsen, wie die Sorte Indian Mix (siehe S. 40).

HALTBARKEIT

Es gibt verschiedene Methoden, um geschnitzte Kürbisse haltbar zu machen:

1. Man kann die Schnittflächen mit Vaseline, Klarlack oder Haarspray behandeln, das verhindert das Verdunsten von Wasser.
2. Wenn die Kürbisse schon geschrumpelt sind, kann man sie einfach über Nacht in einen Eimer Wasser legen. Dann sehen sie am nächsten Tag fast wieder wie neu aus.

Efeutopf mit Kürbis

BASTELZEIT
30 Minuten

MATERIAL
- Tontopf, ø 14 cm, 14 cm hoch
- Kürbis, gelb, ca. ø 11 cm
- Efeutopf, ø 13 cm
- Peperoni, 2 x grün und 2 x rot
- Silberdraht von der Rolle, ø 0,5 mm

1. Den Kürbis in der Mitte der Efeupflanze platzieren. Die Blattranken um den Kürbis schlingen und mit Draht fixieren.

2. Die Peperoni mit Draht umwickeln und die Drahtenden in die Erde stecken.

3. Insgesamt etwa 3 m Draht in Abschnitten um einen Bleistift wickeln, die Spiralen aufspringen lassen und locker über die Efeuranken legen. Das gesamte Efeuarrangement in den Tontopf stellen.

Tipp

Sie können statt der Peperoni auch Lampionfrüchte verwenden. Das sieht ebenfalls sehr hübsch aus.

Kürbis-Heukranz

BASTELZEIT
30 Minuten

MATERIAL

- Heukranz, ø 35 cm
- Kürbisse in verschiedenen Größen, ca. ø 11 cm, 2 x 8 cm, 7 cm und 6 cm
- 2 Mini-Tontöpfe, ø 3,5 cm
- Bastrest, natur
- Etwas Heu
- Rupfenband, orange, 8 cm breit, 80 cm lang
- Laternenfrüchte
- Bindedraht von der Rolle, ø 0,65 mm

1. Den Draht durch die Kürbisse schieben, die Enden zusammendrehen und daran Bastfäden befestigen.

2. Die Kürbisse und die Laternenfrüchte an den Kranz binden. Aus dem Rupfenband eine Schleife legen, die Mitte mit Bast abbinden und am Kranz festkleben.

3. Darauf zwei Kürbisse und zwei Minitontöpfe kleben. Die Töpfe mit Heu füllen.

Tipp

Den Heukranz gibt es fertig im Blumenfachgeschäft zu kaufen. Sie können aber auch selbst einen Kranz binden.

Blumen-Kürbis-Schmuck

BASTELZEIT
30 Minuten

MATERIAL
- Kürbis, gelb, ca. ø 15 cm, 12 cm lang
- 2 Zweige Chrysanthemen, gelb
- Efeuzweig, ca. 25 cm lang
- Etwas Buchs
- Steckschaum für Frischblumen

1. Mit einem scharfen Messer das obere Drittel des Kürbisses abschneiden und mit einem Esslöffel das Fruchtfleisch entfernen. Der Deckel wird nicht ausgehöhlt.

2. Den Steckschaum passend zuschneiden, in die Öffnung drücken und wässern.

3. Den Deckel mit einem Zahnstocher am unteren Teil des Kürbisses feststecken. Chrysanthemen, Buchs und Efeuzweig gemäß der Abbildung in den Steckschaum stecken.

Tipp

Eine echt pfiffige Dekoration für ein Kürbisessen. Statt der Blumen können Sie auch Früchte und Nüsse verwenden.

Namensschild

BASTELZEIT
20 Minuten

MATERIAL

- Kürbis, creme/grün, ca. ø 10 cm
- Hagebutten
- Silberdraht, ø 0,35 mm, 1 m lang
- Efeublätter
- Lackstift, silber

1. Am Stiel des Kürbisses den Silberdraht befestigen.

2. Den Silberdraht mithilfe eines Stiftes zu Spiralen drehen. Hagebutten und Efeublätter daran befestigen.

3. Zum Schluss den Namen des Gastes auf das große Efeublatt schreiben und am Draht befestigen.

Tipp

Verwenden Sie für Ihre Tischdekoration ruhig Kürbisse in unterschiedlichen Farben und Formen. So kommt keine Langeweile auf.

ROBIN

Teelicht

BASTELZEIT
30 Minuten

MATERIAL PRO TEELICHT

- Kürbis, gelb/grün, ca. ø 10 cm
- Hagebutten
- Efeublätter
- Silberdraht, ø 0,25 mm, 2,5 m lang
- Teelicht

1. Mit einem scharfen Messer oben ein Loch in der Größe eines Teelichtes schneiden. Silberdraht locker um den Kürbis schlingen.

2. Die Hagebutten und die Efeublätter gemäß der Abbildung am Silberdraht befestigen.

3. Ein Teelicht in die Öffnung stellen.

Tipp

Sie können statt Hagebutten auch kleine Blüten am Silberdraht befestigen.

Tontopf-Kürbis-Frau

BASTELZEIT
60 Minuten

MATERIAL
- Kürbis, orange, ca. ø 6 cm
- Glockenförmiger Tontopf, ø 9 cm, 7 cm hoch
- Holzhände, 10 mm x 18 mm und -füße, 15 mm x 25 mm
- Chenilledraht, grün und gelb, je ø 7 mm, 28 cm lang
- Acrylfarbe, rot, schwarz, weiß, gelb und grün
- Strohhut, ø 7 cm
- Etwas Bast, rot

VORLAGE SEITE 45

Tipp

Statt dem Tontopf können Sie auch einen zweiten, in der Größe passenden Kürbis verwenden.

1. Den Tontopf gelb, die Hände grün und die Füße rot anmalen. Die Schürze anhand der Vorlage und das Muster mit grüner Farbe und der Rückseite des Pinselstiels auftupfen.

2. Das Gesicht anhand der Vorlage auf den Kürbis übertragen und mit Acrylfarbe aufmalen. Den Bast etwa zehnmal locker um die Hand schlingen, in der Mitte abbinden und unter den Hut auf den Kürbis kleben.

3. Die Hände und die Füße jeweils auf die Enden des Chenilledrahts kleben. Die Beine im Topfinnern festkleben. Die Arme werden um den Kopf gelegt und auf dem Tontopfrand festgeklebt.

Mr. Rotschopf

BASTELZEIT
30 Minuten

MATERIAL
- Kürbis, grau/grün, ca. ø 14 cm, 18 cm lang
- Lackstift, weiß, schwarz und rot
- Etwas Bast, rot

VORLAGE SEITE 48

Tipp

Sie können statt den Lackstiften auch Acrylfarbe und Pinsel verwenden.

1. Mithilfe der Vorlage das Gesicht auf den Kürbis übertragen.

2. Zuerst die Zähne, das Augenweiß und die rote Nase aufmalen. Dann die Augen, die Zähne und die Nase mit Schwarz umranden. Die schwarzen Augen, die Augenbrauen und den Mund ausmalen. Mit weißer Farbe in den Pupillen und auf der Nase Lichtpunkte setzen.

3. Den roten Bast großzügig um die Handfläche wickeln, mit einem neuen Baststück abbinden und die Schlaufen aufschneiden. Die Haare am Kürbisstiel festbinden.

Ganz schön vorlaut!

BASTELZEIT
60 Minuten

MATERIAL
- Kürbis, gelb, ca. ø 17 cm
- Lackstift, weiß, schwarz, rot und grün
- 15 frische Lorbeerblätter
- Beeren, rot
- Moosgummirest, hellorange

VORLAGE SEITE 44

1. Mithilfe der Vorlage das Gesicht auf den Kürbis übertragen. Zuerst die Zähne, das Augenweiß, die rote Nase und die grünen Haare aufmalen. Dann die Augen, die Zähne und die Haare mit Schwarz umranden. Die schwarzen Augen und den Mund ausmalen. Mit weißer Farbe in die Pupillen und auf die Nase Lichtpunkte setzen.

2. Den Kürbis an den markierten Stellen der Vorlage einschneiden. Die Ohren anhand der Vorlage aus Moosgummi ausschneiden, bemalen und in den Kürbis einkleben.

3. Die Lorbeerblätter mit den Beeren gemäß der Abbildung an den Kürbisstiel kleben.

Tipp

Sie können den Kürbis auch erst bemalen und ein paar Wochen im Freien stehen lassen. Kurz vor Halloween wird der Deckel entlang der Haarlinie abgeschnitten, ausgehöhlt, das Gesicht ausgeschnitten und eine Kerze hineingestellt.

Geisterhaus

BASTELZEIT
60 Minuten

MATERIAL
- Kürbis, hellgelb, ca. ø 13 cm, 20 cm hoch
- Golddraht, ø 0,5 mm, ca. 3,60 m lang
- 3 Holzstreuteile, Geister, weiß, 3,5 cm groß
- 9 Holzstreuteile, Sterne, rot, gold und blau, 2,5 cm groß
- Lackstift, gelb, schwarz, rot, blau und braun

VORLAGE SEITE 47

1. Mithilfe der Vorlage das Dach, die Fenster und die Tür auf den Kürbis übertragen. Die Ziegel mit Braun, die Fenster und die Tür mit Schwarz nachmalen. Das Dach, die Fenster und die Tür mit den entsprechenden Farben ausmalen.

2. Sechs etwa 60 cm lange Drahtstücke zuschneiden, zusammen um den Kürbisstiel wickeln und festdrehen.

3. Die Drahtstücke auseinanderziehen, etwas biegen und an jedes umgebogene Ende ein Holzstreuteil kleben.

Tipp

Sollten Sie die Holzstreuteile nicht finden, können Sie auch nur Sterne aus Moosgummi ausschneiden und festkleben.

Blättergeist

BASTELZEIT
45 Minuten

MATERIAL
- Kürbis, orange, ca. ø 13 cm, 17 cm hoch
- Gepresste Blätter
- Silberdraht, ø 0,5 cm, 3 m lang
- Lackstift, weiß, schwarz, rot, gelb und grün
- Window Color, silber

VORLAGE SEITE 46

Tipp

Sie können statt getrockneter Blätter auch verschiedene künstliche Blätter im Bastelfachhandel oder Gartencenter kaufen.

1. Mithilfe der Vorlage das Gesicht auf den Kürbis übertragen. Zuerst die Zähne, die gelbe Nase und die rote Zunge ausmalen, mit Schwarz umranden und den Mund ausmalen. Bei den Augen zuerst das Augenweiß malen, dann das Auge mit Schwarz ausmalen. Zum Schluss die grünen Spiralaugen aufmalen und mit Gelb und Rot ausmalen.

2. Sechs verschiedene gepresste Blätter mit Silberdraht an den Blattstielen andrahten.

3. Den Kürbisstiel entfernen und die Drähte in den Kürbis einstechen. Mit etwas Klebstoff fixieren.

Die nette Hexe Alma

BASTELZEIT
60 Minuten

MATERIAL

- Je ein Kürbis, ca. ø 6 cm (Kopf), 12 cm lang (Körper), 8 cm lang (Arme), 10 cm lang (Schuhe)
- Bastrest, schwarz
- Lackstift, weiß, schwarz und rot
- Hexenhut, ø 7 cm, 6 cm hoch
- Hexenbesen, 26 cm lang

VORLAGE
SEITE 46+47

Tipp

Hexenhut und Hexenbesen bekommen Sie im Bastelfachhandel.

Diese Hexe können Sie auch in einer größeren Größe herstellen, allerdings müssen Sie dann den Hut aus Filz selbst anfertigen.

1. Die beiden Kürbisse für Arme und Schuhe der Länge nach mit einem Messer teilen. Die Schuhe und das Gesicht anhand der Vorlage auf die Kürbisse übertragen, wobei die Nase der Kürbisstiel sein sollte. Mit den Lackstiften nachmalen.

2. Den Kopf auf dem Körper, sowie die beiden Arme mithilfe von Zahnstochern miteinander verbinden.

3. Den Bast etwa zwölfmal locker um die Hand schlingen, in der Mitte abbinden, aufschneiden und unter den Hut auf den Kürbiskopf kleben. Den Hals mit Bast umwickeln, die Schuhe vor den Kürbis stellen und den Besen unter den Arm klemmen.

Mit Ausstechformen

BASTELZEIT
45 Minuten

MATERIAL
- Kürbis, grün, ca. ø 18 cm
- Ausstechformen, Stern, Hexe und Katze, 3 cm, 6 cm und 7 cm groß
- Teelicht

Tipp

Sie können auch die Rückseite des Kürbisses mit den Motiven ausarbeiten. Die Ausstechformen sind im Herbst in jedem gut sortierten Haushaltswarengeschäft erhältlich.

1. Die Konturen der Ausstechformen auf den Kürbis übertragen.

2. Mit einem scharfen Messer den oberen Teil des Kürbisses abschneiden. Den Kürbisinhalt mit einem Esslöffel aushöhlen. Einen etwa 2 cm dicken Rand stehen lassen. Die Formen an der gewünschten Stelle in den Kürbis so weit wie möglich einstechen.

3. In der Kürbisinnenseite mit dem Löffel solange das Fruchtfleisch abschaben bis der Rand der Ausstechform zu sehen ist. Die Form mit Inhalt von innen nach außen drücken. Das Teelicht in den Kürbis stellen.

Witzig, frech!

BASTELZEIT
45 Minuten

MATERIAL
- Kürbis, orange, ca. ø 15 cm, 20 cm lang
- Teelicht

VORLAGE SEITE 45

1. Mithilfe der Vorlage das Gesicht auf den Kürbis übertragen. Den Kürbisdeckel mit einem großen scharfen Messer abschneiden.

2. Den Kürbisinhalt mit einem Esslöffel aushöhlen. Einen etwa 2 cm dicken Rand stehen lassen.

3. Mit einem kleinen, scharfen Messer das Gesicht entlang der Linien ausschneiden und das Teelicht einsetzen.

Tipp

Sollten Sie einen Speisekürbis aushöhlen, können Sie davon ein herrliches Kürbisgericht kochen. Auch die Kerne der meisten Kürbisse lassen sich trocknen und essen.

Fledermäuse

BASTELZEIT
30 Minuten pro Figur

MATERIAL PRO FIGUR
- Kürbis, ca. ø 10 cm und 14 cm hoch
- Acrylfarbe, schwarz, weiß und rot
- Moosgummi, schwarz, A4
- Kopierpapier, weiß

VORLAGE SEITE 46

1. Die Kürbisse werden schwarz angemalt.

2. Das Gesicht anhand der Vorlage mit Kopierpapier, das beim Kopieren weiße Linien hinterlässt, übertragen und mit Acrylfarbe nachmalen.

3. Aus Moosgummi die Flügel ausschneiden und auf der Kürbisrückseite festkleben. Evtl. mit Stecknadeln sichern.

Tipp

Wenn Sie die Fledermäuse nur im Innenbereich dekorieren, können Sie statt Moosgummi auch Tonkarton oder starken Filz verwenden.

Meerestiere

BASTELZEIT
30 Minuten pro Figur

MATERIAL PRO FIGUR

- Kürbis, ca. ø 7 cm, 20 cm lang
- Tonkartonrest, orange
- Bastrest, orange
- Wackelaugen, ø 2 cm bzw. oval, 1,6 cm lang
- Holz-Würfelperle, orange, ø 1 cm

VORLAGE SEITE 48

1. Das Tonpapier wird nach Vorlage zu Fächern gefaltet und mit Bast festgebunden oder als Flosse aufgeklebt.

2. Am Schwanz des vorderen Fisches werden fünf 12 cm lange Baststücke zusammengeknotet und die Bastenden einzeln auseinander gezogen.

3. Die Wackelaugen und die Holz-Würfelperle als Augen bzw. Nase aufkleben.

Tipp

Im Innenbereich können Sie mit diesen süßen Fischen aus Kürbissen mit etwas Sand ein hübsches Aquarium dekorieren.

Kleiner Drache

BASTELZEIT
40 Minuten

MATERIAL

- Gestreifter Kürbis, grün, ca. 12 cm hoch
- Moosgummi, schwarz, A4
- Lackstift, weiß, schwarz und rot
- Moosgummiklebstoff

VORLAGE SEITE 45

1. Mithilfe der Vorlage das Gesicht auf den Kürbis übertragen und mit den Lackstiften ausmalen.

2. Die Moosgummiflügel, -ohren und -zacken mithilfe der Vorlage übertragen und ausschneiden.

3. Die Moosgummiteile mit Moosgummiklebstoff gemäß Abbildung festkleben.

Tipp

Passen Sie die Zacken am Hals individuell Ihrem Kürbis an. Sollte Ihr Kürbis nicht gut stehen, können Sie Ihn in Sand oder Kiesel stellen.

Bärenstarker Elefant

BASTELZEIT
45 Minuten

MATERIAL

- Je ein Kürbis, ca. 10 cm lang (Kopf) und 9 cm hoch (Körper)
- Bastrest, gelb
- Tonkartonrest, gelb
- Wackelaugen, oval, 1,6 cm lang
- Verschiedene Aststücke

VORLAGE SEITE 44

Tipp

Passen Sie die Ohren und die Basthaare des Elefanten farblich Ihrem Kürbis an.

Geben Sie Ihrem Elefanten ein passendes Holzstück in den Rüssel.

1. Die Ohren werden anhand der Vorlage auf gelben Tonkarton übertragen, ausgeschnitten und mit Filzstift bemalt. Jedes Ohr dem Kürbis individuell anpassen, zuschneiden und festkleben.

2. Den Kopf auf den Körper kleben. Die Augen und etwas abgebundenen gelben Bast am Kopf festkleben.

3. Zwei ca. 6 mm starke und 6 cm lange Aststücke zuschneiden und die Rinde entfernen. In den Kürbiskopf mit einer spitzen Schere zwei Löcher bohren und die Stoßzähne einkleben.

SEITE 42
Bärenstarker Elefant

SEITE 25
Ganz schön vorlaut!

◆ **SEITE 40**

Kleiner Drache

◆ **SEITE 34**

Witzig, frech!

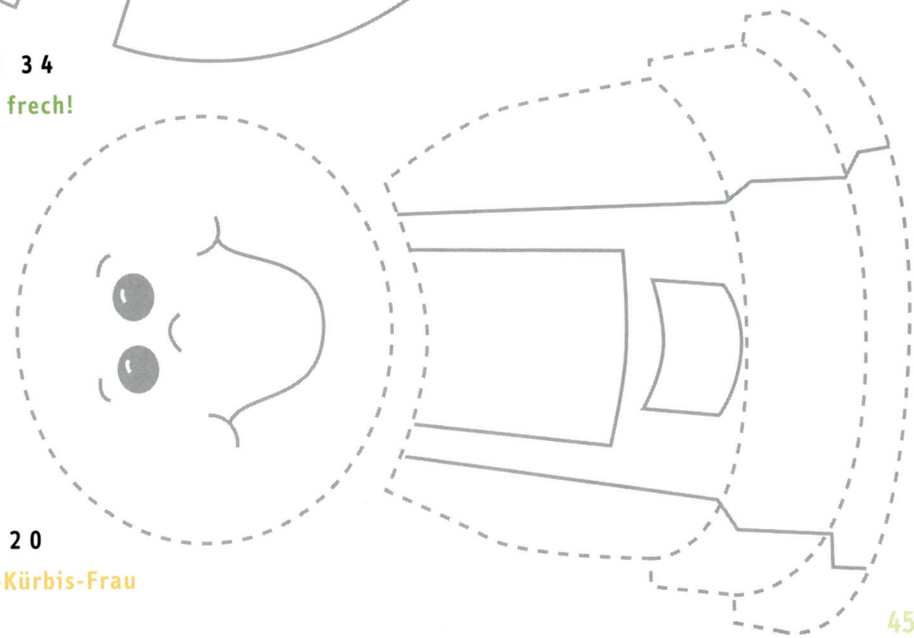

◆ **SEITE 20**

Tontopf-Kürbis-Frau

SEITE 28
Blättergeist

SEITE 36
Fledermäuse

◆ **SEITE 30**

Die nette Hexe Alma

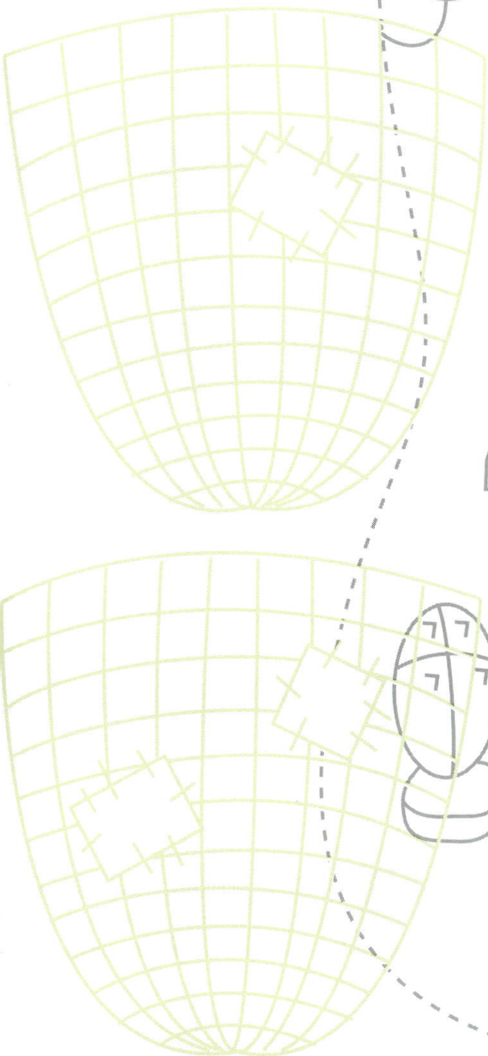

◆ **SEITE 26**

Geisterhaus

SEITE 38

Meerestiere

Faltvorlage

SEITE 22

Mr. Rotschopf

IMPRESSUM

MODELLE: Stephanie Göhr (S. 6-19), Sieglinde Holl (S. 20-43)

DESIGN-ENTWICKLUNG: independent Medien-Design, 80538 München
FOTOS: frechverlag GmbH, 70499 Stuttgart; Fotostudio Ullrich & Co., Renningen
DRUCK: frechdruck GmbH, 70499 Stuttgart

Auflage:	5.	4.	3.	2.	1.	
Jahr:	2008	2007	2006	2005	2004	[Letzte Zahlen maßgebend]

ISBN 3-7724-5614-6